MASCHA KALÉKO

Träume, die auf Reisen führen

MASCHA KALÉKO

Träume, die auf Reisen führen

Gedichte für Kinder

Mit Illustrationen von
Hildegard Müller

Herausgegeben von
Eva-Maria Prokop

dtv

Die Gedichte in diesem Buch sind in einer Zeit entstanden, in der die deutsche Rechtschreibung noch nicht reformiert war. Deshalb mussten wir uns fragen, soll man sie in die neue Rechtschreibung bringen oder so lassen, wie die Autorin sie verfasst hat. Lebt ein Dichter oder eine Dichterin noch, kann man fragen. Mascha Kaléko können wir nicht mehr fragen. Deshalb fanden wir es richtig, sie so zu schreiben, wie Mascha Kaléko sie verfasst hat.

Entnommen sind die Gedichte der Ausgabe Mascha Kaléko, Sämtliche Werke und Briefe, herausgegeben von Jutta Rosenkranz, München, 2012.

Inhalt

Ich traf einmal – in San Domingo
Am Meeresstrande 'nen Flamingo

Tiere aus fernen Ländern

Der Tiger

Es ist nicht nötig, daß du vor ihm bangst;
Denn sieh: sein Eisenkäfig ist vergittert.
– Ein Tiger hat vor Tigern keine Angst.
Doch scheint es möglich, daß vor *dir* er zittert.

Königlicher Einmarsch der Löwen

Der Wüstenkönig wirkt zwar majestätisch,
– Doch sitz ich nicht gern neben ihm am Teetisch!
Reißt er das Maul nur auf, um schlicht zu gähnen,
Seh ich als »Sandwich« mich in seinen Zähnen!

… Zum Löwen fällt mir weiter nichts mehr ein,
Als, wenn er plötzlich näherkommt, zu schrein!

Der Schakal

Es heult allnächtlich der Schakal
Von fern aus seinem Jammertal.
Aus tiefster Not hörst du es schrein:
»Bin-so-allein … Bin-so-allein …«
Und findet sich dann ’ne Schakalin,
Heult er mitsamt der Frau Gemahlin.
Und wie zuvor hört man es schrein:
»Bin-nun-zu-zweien-so-allein …«

Die Giraffen

Giraffen haben meistens sehr viel Hals,
Den sie in jede Himmelsrichtung lenken.
Das ist sehr praktisch. – Aber keinesfalls
Lohnt es sich, ihnen ein Kollier zu schenken.
Zunächst: Weil Schmuck die Tiere irri-tiert,
Und dann: Weil er sich im *Terrain* verliert …

Der Elefant

Sein Taillenumfang ist bombastisch,
Geradezu elefantastisch!
Sein Habitat: zumeist Ostindien.
Doch auch im Zoo ist er zu find(i)en.
Von Temperament ein Pessimist,
Der Angetanes nie vergißt.

In alter Zeit die Fürsten sandten
Als *Souvenir* sich Elefanten.
Die großen Herrn im Fernen Osten
Von damals ließen sichs was kosten!
… Doch zogen sie sichs, nicht zu knapp,
Als »Wüste-Sonderspesen« ab.

Affenliebe

Vielfältig sind der Liebe Sitten,
Auch, eh man zum Altar geschritten.
Lateiner küssen *con amore*,
Auf in den Kampf ziehn Toreadore.

Berliner *vorher* Kaffee trinken,
Seeleute nachher gerne winken …
Japaner Blumenverse schreiben,
Und Eskimos gern Nase reiben.
Ja, selbst die Liebste des Schimpansen
Krault ihm verzückt die Ponyfransen.
Und er? Was tut der Herr? Mir graust:
Es scheint, daß sie *der Affe laust*!

Das Stachelschwein

Bedenke: Selbst ein Stachelschwein
Hat seine *Grundprinzipchen*
Und ganz wie du ein Liebchen,
Das ihn mit Sticheleien rügt,
Weil er den Feind nicht schärfer piekt.
– Doch bleiben Stachelschweine
Trotzdem nicht gern alleine …

Das Zebra

Das Zebra mag ein jeder leiden,
Zumal, da es die Streifen kleiden.
Ein Zebra, – selbst, wenn es *intim* –
Streift selten ab das Streifkostüm.

Und die Moral von der Geschicht?

Das Kamel

Bedauernswert ist das Kamel!
– Das Tier muß es ertragen,
Daß seine Freunde, geht was fehl,
»Du Mensch!« verächtlich sagen.

Bei Känguruhs

Wird Känguruh Papa, so droht
Ihm selten nur die Wohnungsnot.
– Denn Känguruh-Mama hat immer
Ein *eingebautes* Kinderzimmer.

Der Polarbär

(mit Schlußgebet)

Der Eisbär, weil im Eis geboren,
Ist von Natur recht unverfroren.
Wird er von allen kaltgestellt,
Grinst er: »Mich kann die ganze Welt …«
Und legt sich auf die Bärenhaut.
– Ach wären wir doch so gebaut!
Statt nur neurotisch-schizoid.
… *Herr:* schüfst Du uns *polaroid*!

Der Flamingo

Ich traf einmal – in San Domingo
Am Meeresstrande ’nen Flamingo.
Gewiß, der Ort ist recht entlegen.
Doch war es dort! Des Reimes wegen.

Monsieur Pänguän

Ein Pinguin aus besserm Haus
Spricht sich »Pän-guän« – französisch – aus.
Wie Paul Gauguin, der Maler weiland,
Haust er auf einem fernen Eiland.
– Ein eingeborner Parvenü,
Trägt er den Frack schon in der Früh!

Krokodilemma

Im Schaufenster das Krokodil
Hat Tränen viel verloren.
Umsonst: Es war am fernen Nil
Zur Brieftasche geboren.

Die Schildkröte

Gott gab den Schild zum Schutz der armen Kröte,
Daß man sie nicht verwunde oder töte.
Genügsam und geduldig wie ein Lamm,
Freut sie sich ihres Lebens selbst im Schlamm.

… Ihr Dasein wäre recht beschaulich,
Wär sie nur nicht so leicht verdaulich!

Klapperschlangen, Blindschleichen und anderes Natterngezücht

Vor stummen Schlangen ist mir doppelt bange.
… Dann lieber schon 'ne Plapper-Klapperschlange.

Das aber denk ich mir zum Steinerweichen:
Als Schlange auch noch blind zu schleichen.

Den kühnentschlossnen Welterobra
Schreckt weder Natterngift noch Kobra.
Ertönt sein »Heil im Siegerkranz …«,
Folgt alles ihm im Schlangentanz.

Ein seltsamer Vogel …?

Es gibt im Reiche der Chinesen
ein recht bewundernswertes Wesen:
– Ein Vogel, der sich im Geäst
still und bescheiden niederläßt
und, wenn ’nen zweiten er erblickt,
auf seinem Ast beiseiterückt.

Anmerkung:
Nein, ich erfand es nicht, dies Wesen!
Hab’s in nem alten Buch gelesen.

Der leichtbeschwingte Papagei

Es hat ein jeder Papagei
’ne angetraute Mamagei.
Doch geht er fremd, sagt sie: »Ich bitt dich!
… Und gar mit einem Wellensittich!«

Kaka»du« und Kaka»Sie«

Ein schwerverliebter Kakadu
Hat hier sein erstes Rendezvous
Mit einer grünen Kaka-Duse.
– Er nennt sie seine Pampel-Muse.
Sie ist nicht spröde, ihrerseits.
Man kakaduzt sich auch bereits.
Und übers Jahr wird ein Terzett
Aus diesem Kakadu-Duett.

Zoo-Gespräch

Da! Sehnsemal: en Kranich!

– Sie, ärgernse den ja nich.

Schnurrdiburr, das Katertier

Heimische Tiere

Ornithologisches und Unlogisches

Der Amsel (»… Drossel, Fink & Star«)
Wird manches angedichtet.
Vom treuen Schwalben-Ehepaar
Wird Gutes nur berichtet.
Die Lerche singt angeblich vom Scheiden
Und die Nachtigall
Mit *lieblichem Schall*
Vom Nachtig*allenleiden.*
Storch auf dem Dach bringt Glück ins Haus,
Und *Möwen sehn wie Emma aus.*
»Kiwitt, kiwitt« und »tirili …«
Heißt stets: »Madame, ich liebe Sie!«

– So spricht der Volksmund. Doch, ich glaube fast:
Die Vögel selber *lachen sich 'nen Ast …*

Die Katze

Ist so lebenstüchtig,
So launisch und so eifersüchtig,
So taubensanft, so schlangenschlau
Wie eine nur zweibeinje Frau.
Tut sie auch keusch wie 'ne Novize –
'ne Messalina ist die Mieze.

Ja, schon zur Zeit der Pyramiden
War sie nicht unter den Frigiden!

Der Kater – ein Selbstgespräch

Wie? Mäusefangen? Nich die Spur!
Bloß Gabelfrühstück und *l'amour …*

Was? Romeo und *Vaterpflichten*?
Familienglück? – Ich kann verzichten!

– Kater werden ist nicht schwer,
Kater sein dagegen sehr.

Herr Schnurrdiburr

Schnurrdiburr, das Katertier,
ist ein echter Kavalier.
Hockt getreulich vor dem Garten,
meine Heimkehr zu erwarten,
schnurrt, wo ich auch geh und steh,
weil ich Katzen-Deutsch versteh.

Schwänzchen wedeln heißt: »Hurra!«
Buckel krümmen aber: »Na!«
Und was heißt wohl Pfötchen krallen?
»Das laß ich mir nicht gefallen.«
Schnurrt der Kater, dann ist's gut.
Knurrt er, das bedeutet: Wut.

Schnurrdiburr, das Katertier,
dachte ich, gehöre mir.
Doch es will mir nicht gelingen,
Schnurrdiburr das beizubringen.
Er erteilte mir die Lehre,
daß vielmehr ich *ihm* gehöre!

Schnurrdiburr, das Katertier,
nascht genauso gern wie ihr.
Maus-Kotelett und Bücklingsschwarte
stehn auf seiner Speisekarte.
Doch verschmäht er keineswegs
Milchrahm oder Leibnizkeks.

Schnurrdiburr, das Katertier,
liebt Musik so gut wie ihr.
Cello, Pauke, Violine
hört er an mit Kennermiene,
schwärmt für Mozart, Strauß und Grieg
und der Katzen »Nachtmusik«.

Der Sauregurkenhund

»Sepp ist ein Sauregurkenhund«,
hört ich den Ferdi sagen.
War das ein Schimpf?
War das ein Scherz?
Wohlan, ich faßte mir ein Herz
und Ferdinand beim Kragen:
»Was ist ein Sauregurkenhund?«
Die Antwort hier aus Ferdis Mund:

»Ein Hund, der etwas auf sich hält,
frißt keine saure Gurke.
Ob Engelshund, ob Schurke,
das weiß man auf der ganzen Welt:
Ein Hund, der etwas auf sich hält,
verachtet saure Gurke.
Das ist bei Hunden so der Brauch,
doch gibt es unter Hunden auch
mal sone und mal solche,
die Braven und die Strolche.

Kaum sieht ein Köter-Nimmersatt,
daß Mithund saure Gurke hat,
au, au, wauwau,
mißgönnt der Neid- und Schweinehund
dem armen Nachbarn seinen Fund.
Da wird gekläfft, gebissen,
gekratzt, gezetert, blind vor Wut,
vor Haß und Mißgunst nicht geruht,
bis endlich dieser Schurke
die halbverfaulte Gurke,
die er ja keineswegs begehrt
und die dem anderen gehört,
dem mit Gewalt entrissen.

Dann folgt ein siegreiches: Wauwau.
Das heißt zu Deutsch: ›Na, bin ich schlau?‹
Und was wohl, liebe Leute,
tut er mit seiner Beute?
Sie wird zertrampelt und zerfetzt,
sodann im Rinnstein beigesetzt.
Mit ›Au‹ und ›Wau‹!

Denn: Haß ich selbst sein Leibgericht,
gönn ich es doch dem andern nicht.
Ihr seht, man nennt nicht ohne Grund
den Sepp nen Sauregurkenhund!«

Der Wolf – wer oder was ist er?

… Ein überlebensgroßer Hund.
Du kennst ihn aus *Rotkäppchen und …*,
Wo er von Großmüttern sich nährt,
Auch *Jäger*-Frühstück gern verzehrt.
– Im Schafspelz blickt er brav und bieder.
Mit Namen *Hugo* schreibt er Lieder.

Der Fuchs hingegen

… ißt gern Hühnchen
Und, wenn es sich so trifft, Kaninchen,
(Tja, ab und zu auch ein Herminchen …!)
Doch überzeugt er dich mit List,
Daß er ein Vegetarier ist.

Der Hühnerhof

Gesträubten Hauptes spricht Frau Henne
Zum Gatten auf der Hühnerleiter:
»Die Brut macht mir viel Kummer, Männe!
Das jüngste Ei dünkt sich gescheiter
Als die Mama. – Zu meiner Zeit …«
– Na, undsoweiter, undsoweiter.
Da schwillt dem Herrn Papa der Kamm:
»Was plustern Sie sich auf, Madame?
Was soll uns dieses Federlesen?
Nix Neu's, Chérie! Beim Zeus, Chérie:
Das ist schon immer so gewesen.«

Der Esel, ein ewiger »I-A-Sager«

Sein Sprachschatz zählt nur zwei Vokale,
Drum ist sein Anfang sein Finale.
Sagt' statt »I-A« er auch mal »NEIN«,
Würd' er durchaus kein Esel sein!

Die Fische

Wenn Fische reden könnten! Na, ich danke:
Man hörte von der Donau bis zur Panke
Statt Meeresstille und statt Wellenrauschen
Nur Muscheln tuscheln und Karauschen plauschen …
Jedoch, (welch weise Fügung!) sie sind stumm.
– Was die Natur betrifft: die weiß, warum.

Aalgeflüster

Es sprach der Aal zur Flunder:
»… Ja, wären Sie nur runder,
Wo man zumeist den Busen hat.«
– Die Flunder drauf: »Da bin ich platt!«

Der Schwan

Ein Epilog

Der Schwan, wenn er sein Ende ahnt,
Das heißt: wenn ihm sein Sterben *schwant*,
Zieht sich zurück, putzt das Gefieder
Und singt das schönste seiner Lieder.

– So möcht auch ich, ist es soweit,
Mal eingehn in die Ewigkeit.

Das Reh

Das Rehlein, das bedicht ich nicht!
Wie es da steht am Wasser,
Ist es das lieblichste Gedicht,
Der Himmel – sein Verfasser.

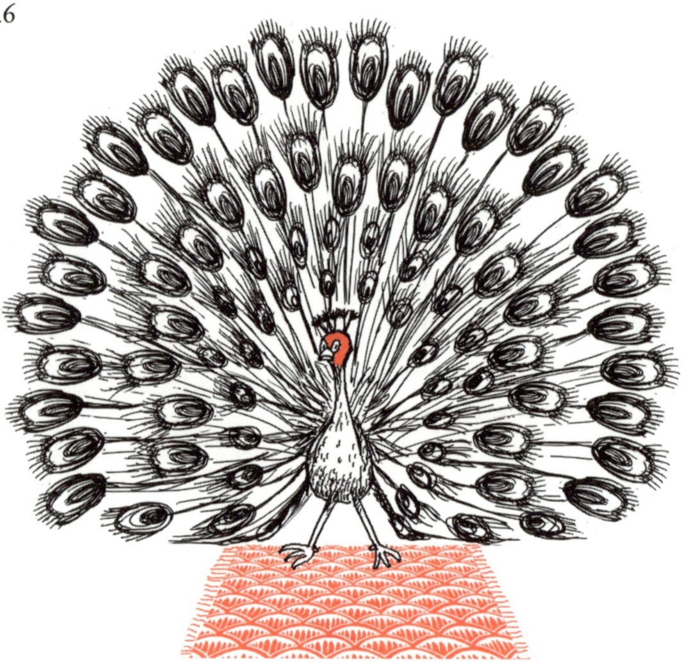

Nachmittag eines Pfauen

(Variation in PF)

Pflaumenblauer Pfauenfrauen
Pfirsichrosa Klauen krauen
Einen pfauenfremden Herrn.
– Sowas sieht ein Pfau nicht gern.
Und der Gatte schlägt ein Rad,
Daß es eine Un-Art hat!
Bis sich alle pfeindlich grollen
Und sich plusternd musternd
Trollen.
Tat der Pfaugemahl sich wichtig?
– Oder war er eipfersüchtig ....

Die Brillen-Eulen
bzw. der Kuckuck

Nachts hörte man ein Baby heulen.
Das störte die zwei Brillen-Eulen
Hoch im Geäst. Die Herrn der Logik
Dozierten über Pädagogik:
»… Der Kuckuck, lieber Herr Kollege,
Gibt seine Brut schon früh in Pflege,
Und manches spricht für sein System!
Zunächst einmal ist es bequem
Und löst das Ödipus-Problem:
Um Freudschen Leiden zu entrinnen,
Kann man nicht früh genug beginnen …«
– Der Kuckuck lachte infernalisch:
»Nun finden die mich noch moralisch!«

Die Fledermaus

Die sogenannte *Fledermaus*
Ist keine. Sieht auch nicht so aus.
Kein »Oder« und »Entweder«:
Ist weder Maus noch Fleder.
Das weiß seit langem jeder.
Einschließlich Johann Strauß.
Aus.

Ein Lebenskünstler ist der Floh

Ganz kleine Tiere

Der Floh

Ein Lebenskünstler ist der Floh!
Lang weilen tut er nirgendwo.
Ein Springinsfeld, zumeist auf Reisen,
Verkehrt er in den höchsten Kreisen,
Wie jeder bessre Parasit.

– Selbst Goethe weihte ihm ein Lied.

Die Ameisen

(oder: Lob der Faulheit)

Die Ameisen sind fleißig.
Faulsein ist *unameisig*!
Das liest man schon bei Salomo
– Und kuschelt sich in das Plumeau.

(Etymologisches Postscriptum)

Ameisig kommt von *emsig.*
Werd ich das mal, dann brems ich.
Dem einen gibts der Herr ganz leis,
Dem andern nützet auch kein Schweiß.
Wunschlos beglückt die Faulheit preis ich
Und Gott, – der mich nicht schuf »ameisig« …

Der Tausendfüßler

(oder: Glanz und Elend eines Centipeden)

… Ob er, wenn ihn das Reißen plagt,
Betrübt zu seinem Doktor sagt:
»Es zwickt in siebenhundert Zeh'n!«?
Das denke ich mir gar nicht schön.

Und will die arme Kreatur
Im Freien mal ein Bad genießen –
Mit welchen von den tausend Füßen
Prüft er die Wassertempratur?

Ein Hühnerauge schikaniert
Ihn tausendfach multipliziert.
– Auch drückt (wenn man so sagen darf)
Ihn sein enormer Schuhbedarf.

Insektopathisches

a) Der Holzwurm

Der Holzwurm ist verbohrt und stier,
Ein höchst introvertiertes Tier.
Er hockt im Bau und nährt sich redlich;
Die Außenwelt erscheint ihm schädlich.
Ein Freund von Möbeln der Antike,
Lockt ihn nicht Wein, Weib, noch Musike.
Der Stolz macht ihn zum Hage-Stolz.
Sein Motto ist und bleibt: »Gut Holz!«

b) Die Schmeißfliege

Insektologisch gilt die Fliege
Als Prototyp der *dummen Ziege.*
In alles steckt sie ihren Rüssel,
Verbrennt sich oft an fremder Schüssel.
Sie schmeißt sich an, ist »aufgeschmissen«:
Wer beißt, nun, der wird auch gebissen.
Aus Neugier bleibt sie nie daheim,
Drum endet sie im Fliegenleim.
(Freud hätte sie klassifiziert:
»Insektopath, extravertiert.«)

Die Bienen

... Politisch sind sie Monarchisten:
Auf Arbeit ziehn nur Zivilisten,
Und was sie sich erhamstert haben,
Kommt in die Königlichen Waben
Zum Schmaus für königliche Feste.
Der kleine Mann kriegt nur die Reste.
»Ob sich die Biene nie empört
Und Unabhängigkeit begehrt?«
– Fragt sich Kollege Schmetterling.

Das weiß nur Gott. Und Maeterlinck.

Die Schaben

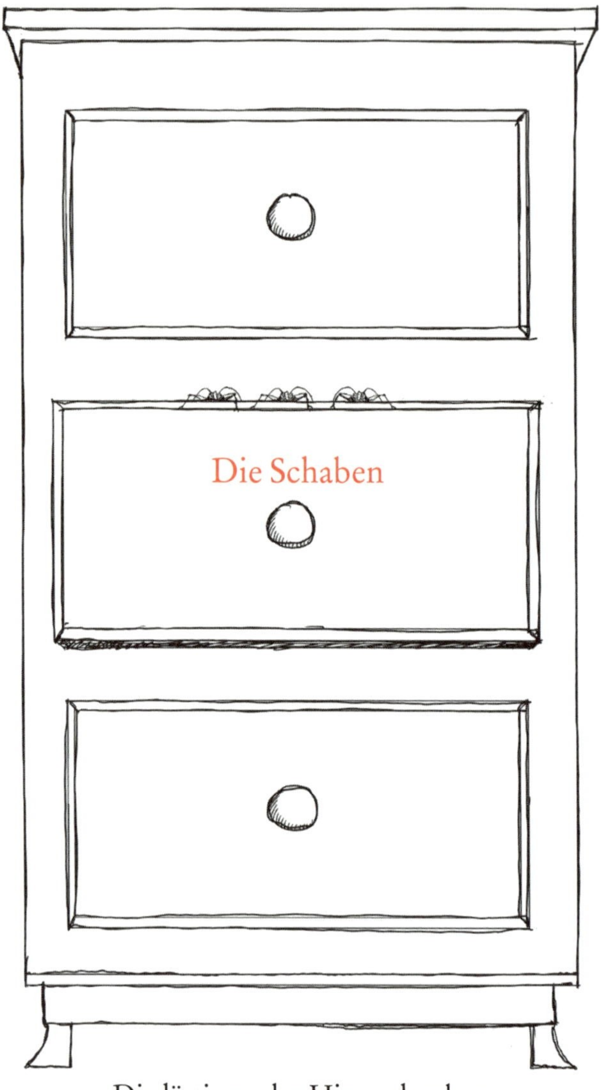

Die lästigste der Himmelsgaben
Sind die gemeinen Küchenschaben.
In Preußen nennt man sie die »Schwaben«;
Hierorts als »Russen« nicht beliebt,
… Weil jeder seine Schaben schiebt!

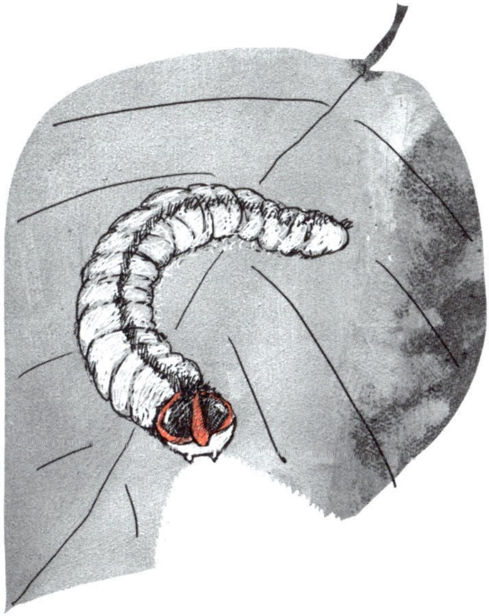

Die Raupe

Die Raupe ist, wenngleich verborgen,
Bereits der Schmetterling von morgen.
– Der Raupe ist der Tatbestand
Indessen völlig unbekannt
Und überdies auch völlig schnuppe.
Nicht minder als der Menschen-*Puppe*
Die *homo sapiens'*sche Chrysalis
Meist unbekannt und auch egal is.

Die Spinne

Die Spinne, ihren Tanz vollführend,
Folgt einem inneren Gesetz,
Den Faden auf- und niederführend.
Und so entsteht das Spinnennetz.

Ganz hingegeben ihrem Tanze,
Schafft sie ein Ding, das Fliegen fängt;
Sie tanzt … nicht ahnend, wie das Ganze
So ursächlich zusammenhängt.

Die Spinne – gleich dem Menschenkind –
Weiß selber gar nicht, daß sie »spinnt«.

Die Schnecke

Die Schnecke ist ein kluges Haus:
Sie geht fast nie aus sich heraus!
Ihr eigner *Hauswirt* und ihr *Mieter*,
Ihr *Grundstück* und ihr *Grundstückshüter*,
Ihr *Wagen* und ihr *Domizil*:
– Das Immobile, hier wirds mobil!

Sie gilt als kühler Realist,
Weil sie nie *aus dem Häuschen* ist.

Das Einhorn und das Anderhorn

Sind das noch Tiere?

Der Schmutzfink

Der Schmutzfink ist, das glaubet mir,
kein sehr beliebtes Vogeltier.
Man weiß, daß er
  sein Nest beschmutzt,
  sein Gefieder nicht putzt,
  seine Krallen nicht stutzt,
ja, nicht einmal den Papierkorb benutzt.

Läßt er im Grünen sich wo nieder,
so fliegen die andern davon in Scharen.
Davor mag uns der Himmel bewahren:
den Schmutzfink zum Nachbar?
Einmal und nicht wieder!

Der Schmutzfink ist, das seht auch ihr,
kein sehr beliebtes Vogeltier.

Klavia-Tiere

(Spezies: Pianisten)

Pianisten sind oft *große Tiere*,
Zum Lärm dressiert auf dem Klaviere.
Mit Löwenmähne, Tigerpfoten
Mißhandelt mancher es nach Noten.
Ein Pi-a-nist, wenn malträtiert,
Ist selten nur wohltemperiert.
Wenn sich die Damen auch verlieben,
– Weit wichtiger ist ihm das Üben!

(Zur Zeit, als Hans zur Liese ging,
Da übte brav der Gieseking …)

Die »Vereinskrähe«

Eine Krähe hackt der zweiten,
wie man weiß, kein Auge aus.
Au contraire, – sie macht beizeiten
Anti-Krähen den Garaus!
Und das tut der liebe Vogel
nur aus Selbsterhaltungstrieb.
Aber im Verein der Krähen
heißt man's *ethisches Prinzip.*

Der Storch

Der Storch, der Storch …
Den gibt es nicht!
Der ist ein Ammenmärchen,
Das man den Kindern vorerzählt.

Dran glauben – tun die Pärchen!

Fibel Fabeltiere

Die Maus zum »Mäuschen« wird für alle
Sitzt sie erst in der Mausefalle
Doch kaum ist sie heraus, o Graus,
Schreit jeder wieder »Eine Maus ..!«

Es machen alte Hutzeltanten
Den Floh recht oft zum Elefanten
Jedoch der Riese Soundso
Den Elefanten macht zum Floh

Das Schaf im Wolfspelz wirkt recht kläglich
Den Wolf im Schafspelz trifft man täglich

Wenn seinem Herrn der Hund soll frommen
Darf er nicht auf denselben kommen.
Dieweil man ja auf dieser Welt
Als Mensch doch besser spricht als bellt.

Höchst unwahrscheinliche Leute

Ein Storch in Gehrock und Zylinder –
wo gibt es das wohl, liebe Kinder?

Zwei Eichhörnchen beim Kegelschieben –
das scheint mir reichlich übertrieben!

Ein Regenwurm, der Dreirad fährt –
wo hat man sowas schon gehört?

Ein Laubfrosch, der Französisch spricht –
das gibt es nicht, das gibt es nicht!

Es geht oft lustig zu im Leben.
Warum soll's nicht auch sowas geben?
Warum nicht? Seien wir nicht kleinlich!
Vielleicht. Jedoch höchst unwahrscheinlich …

Schirmgespenster

Kinder, guckt mal aus dem Fenster,
da gibt's was zum Amüsieren!
Lauter Regenschirmgespenster
gehn am hellen Tag spazieren.

Gummimäntel auf zwei Beinen
und ein Schirm anstatt Gesicht.
Auch Galoschen. Aber einen
Kopf, den ha'm sie alle nicht.

Huuuuuuuuuuuuuuuuuhh!

Ansprache eines Bücherwurms

Der Kakerlak nährt sich vom Mist,
Die Motte frißt gern Tücher,
Ja selbst der Wurm ist, was er ißt.
Und ich, ich fresse Bücher.

Ob Prosa oder Poesie,
Ob Mord – ob Heldentaten –
Ich schmause und genieße sie
Wie einen Gänsebraten.

Ich bin ein sehr belesner Herr,
Nicht wie die andern Viecher!
Daß Bücher bilden, wißt auch ihr,
Und ich – – ich fresse Bücher.

Die Nahrung, sie behagt mir wohl,
Verleiht mir Grips und Stärke.
Was andern Wurst mit Sauerkohl,
Das sind mir Goethes Werke.

Ich fraß mich durch die Literatur
So mancher Bibliotheken;
Doch war'n das meiste, glaubt es nur,
Bloß elende Scharteken.

Das Bücherfressen macht gescheit.
So denken sichs die Schlauen.
Doch wer zuviel frißt, hat nicht Zeit,
Es richtig zu verdauen.

Drum lest mit Maß, doch lest genug,
Dann wirds euch wohl ergehen.
Bloß Bücher *fressen* macht nicht klug!
Man muß sie auch verstehen.

Das Einhorn und das Anderhorn

Es stritten einst zu Paderborn
Das Einhorn und das Anderhorn.
Das Einhorn sprach: »Ich kam zuerst
Und wär' allein, wenn du nicht wärst.
Ich bin ein uralt Fabeltier,
Du bist ein zweigehörnter Stier,
Der nur sein eines Horn verloren.
Zum Einhorn bist du nicht geboren!«

Das Anderhorn schrie wutentbrannt:
»Dich gibt es nicht. Das ist bekannt.
Ich werd' mich deinem Spruch nicht beugen!«
Und er berief zu seinen Zeugen
Lichtscheues Feld- und Waldgetier.
Das zeugte für den eitlen Stier.

Das Einhorn aber schwieg und schwieg.
Und da es schwieg, sein Ansehn stieg.
Nun schrie der blöde Stier vor Zorn:
»Ich bin ein EIN-, kein ANDERHORN …
Ob du nun glaubst, daß dem so sei,

Das ist mir ein- und anderlei!«
Das Einhorn drauf: »Du hast kopiert
Ein Tier, das gar nicht ›existiert‹!«

Schlange Nummer Eins

Wär sie nicht schuld, so säßen wir
Vermutlich noch im Paradiese.
Statt Trüffelleber äßen wir
Erlaubte Früchte nur wie diese:
Erdnüsse, Rohkost, Krautsaft, Feigen,
Und sonntags »Bircher Müsli« wohl.
Wir tanzten flott den Ringelreigen
Und frönten nicht dem Alkohol.

Nur ihr verdanken wir »die Sünde«
Und den hierauf erfolgten Fluch:
Gevatter Tod, Schrei nach dem Kinde,
Die Arbeit. Und den – Schweißgeruch.

(Und glaubt ihr nicht, daß dem so sei:
Lest »GENESIS. KAPITEL DREI«!)

Vierfüßige Abc-Schützen

Es lernen alle Pekinesen
Schon früh die Sprache der Chinesen.

Ein Dachshund bellt in Sachsen sächsisch,
In England aber – angel-dächsisch …

… Und hier ergibt man mit Genuß sich
Dem Studium auf Rhinozerussisch!

Wißt ihr wohl, wer auf dem Mond
mit der Mondfamilie wohnt?

Zum Einschlafen und Träumen

Wie's auf dem Mond zugeht

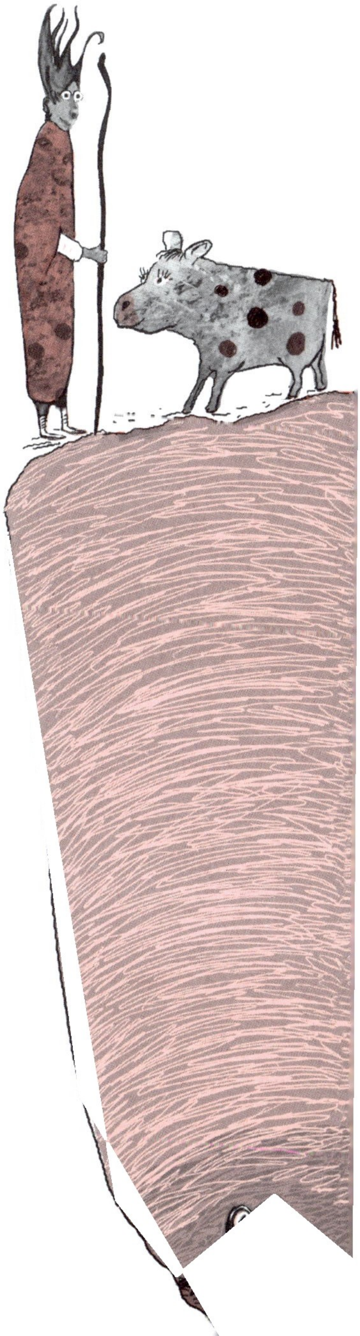

Wißt ihr wohl, wer auf dem Mond
mit der Mondfamilie wohnt?
Mondkalb mit den Sonnenflecken,
Mondhirt mit dem Schäferstecken
und der goldnen Bambusflöte.
Tief im Krater – eine Kröte
aus dem Ur-Ur-Urgroßwald,
siebentausend Jahre alt.

In der heißen Vollmondzone
bräunt von selbst die Kaffeebohne,
kocht im Hühnerstall das Ei,
reifen Pfirsich und Banane.
Dazu holt man sich die Sahne
für den Nachtisch, eins, zwei, drei,
aus der Milchstraß-Molkerei.

Schnecken laufen droben schneller
als bei uns die Jet-Propeller
ohne jeglichen Krakeel!
Alle Pferde sind dort heilig.
Darum nimmt man, hat man's eilig,
rasch ein »Fliegendes Kamel«.
Löwen, Tiger, Elefanten
und noch andere Giganten
kennt man dort nur haustierzahm.

Regnet's, regnet's Diamanten
auf dem himmlischen Trabanten.
Doch der Sommer ist infam!
Hitzefrei gibt's schon am Morgen.
Für Planetenkühlung sorgen,
wie ich höheren Orts vernahm,
die Windsbraut und ihr Bräutigam.

In den düstern Mondessümpfen
watet man in Lederstrümpfen
durch Korallen, hoch wie'n Haus.
Krokodile, Wasserschlangen
strecken ihre ellenlangen
Zangen in den Weltraum aus.
Selbst die Pflanzen sind barbarisch
und oft gar nicht vegetarisch:
Kalbfleischfressende Kakteen
gibt's dort überall zu sehn.
Hu!

Der Mann im Mond

Der Mann im Mond hängt bunte Träume,
die seine Mondfrau spinnt aus Licht,
allnächtlich in die Abendbäume,
mit einem Lächeln im Gesicht.

Da gibt es gelbe, rote, grüne
und Träume ganz in Himmelblau.
Mit Gold durchwirkte, zarte, kühne,
für Bub und Mädel, Mann und Frau.

Auch Träume, die auf Reisen führen
in Fernen, abenteuerlich.
– Da hängen sie an Silberschnüren!
Und einer davon ist für dich.

Schlaflied

Eins und zwei und drei und vier,
Noch *ein* Liedchen sing ich dir
Von den schwarz und weißen Schafen,
Doch dann mußt du wirklich schlafen.

Pst! Nun seid mir alle still!
Weil mein Kerlchen schlafen will.

Eins zwei drei vier fünf sechs sieben:
In den Sternen steht geschrieben,
Daß selbst auf den höchsten Bäumen
Tief im Schlaf die Vöglein träumen.

Pst! Nun seid mir alle still!
Weil mein Kind auch träumen will.

Schlaf, du kleiner, schwarzer Rabe!
All dein Gut und deine Habe:
Püppchen, Teddy Muh und Mäh
Liegen brav in deiner Näh.

Alles schleicht auf leisen Schuhn,
Nur du Strolch willst noch nicht ruhn.

Eins zwei drei ... Und so bis hundert –
Bub, was guckst du so verwundert?
Willst du heute gar nicht schlafen?
Sang dir doch von Stern und Schafen ...

Ach, bei diesem Galgenstrick
Hilft kein Stern, kein Schaf, kein Trick!

Schläfst du, strampelnder Zigeuner?
Äuglein wird schon klein und kleiner.
In die Luft ragt Mund und Näschen,
Fest im Arm schnarcht Gummi-Häschen.

Endlich schweigt der junge Mann!
– Morgen gehts von vorne an .....

Kleines Gebet

Laß die Sonne wieder scheinen
Sommerlich!
Wenn die Wolken Regen weinen,
Wein auch ich.

Laß die Knospen wieder blühen
Hell am Strauch!
Wenn die Rosen rot erglühen,
Glüh ich auch.

Lösch das Welke aus den Hainen,
Nimm das Grau!
– Laß die Sonne wieder scheinen,
Gib uns Blau!

Schlafliedchen

Sieh, im blauen Nachtgewande
geht der müde Tag zur Ruh.
Fischer kehren heim vom Strande,
Eule gähnt im Wald »huhu«...
Selbst im Papageienlande
macht das Gnu
die Augen zu.
Na, und du?

Zum Einschlafen

Schwarzblauer Himmel,
Goldener Stern,
Stille im Walde,
Wolke, so fern.
Boote im Hafen.
Engelein wacht.
Kindlein will schlafen.
Welt, gute Nacht!

Der Sternanzünder

Geht die Abendsonne schlafen,
kommt der Sternanzündemann.
Und der steckt die vielen Sterne
hoch am dunkeln Himmel an.
Einer nach dem andern flammt
silberhell auf blauem Samt.
Und inmitten all der Sterne
knipst er an die Mondlaterne.

Horch, die Abendglocken läuten!
Tagwind spricht zum Abendwind:
Freund, das Stündlein hat geschlagen,
da *dein* Abenddienst beginnt.
Lebewohl, ich kann nun gehn.
Fange du jetzt an zu wehn!
Und der Sternanzündemann
zieht daheim den Schlafrock an.

Man sollte es kaum für möglich halten

Zehn Meilen hinter Zensurentag
traf ich, ob ihr's nun glaubt oder nicht,
im tiefen Wald bei Mondeslicht
am Tisch der Malzkaffeetante
lauter fremde Bekannte.
– Den Heinzelmann mit seiner Frau,
den Rektor Grün, den Karpfen Blau,
die Unke aus dem Teiche,
Professor Vogelscheuche.
Den Tintenkleckser, den Bleistifträuber,
den Eckensteher, den Sitzenbleiber,
den Klassenschwänzer, den Firlefänzer.
Die Himbeerwasserratte.
Den Polizisten vom sechsten Revier
und den Oberschlaufuchs, der damals mit mir
das Niespulver erfunden hatte … weißtdunoch?
Den Petzer, den Angeber, den Oberstreber.
Den Stänkerer und den Dir-werd-ich-eins-Kleber.
Faßt mich der Kerl doch plötzlich am Kragen!
Dem wollte ich grad meine Meinung sagen,
da klingelt mich der Wecker heraus.
… Ich lieg in meinem Bett zu Haus,
und wütend brüllt die Jule:
»Wennsweitersogeht,
kommstuwiederzuspät,
zu spät, zu spät
in die Schule!«

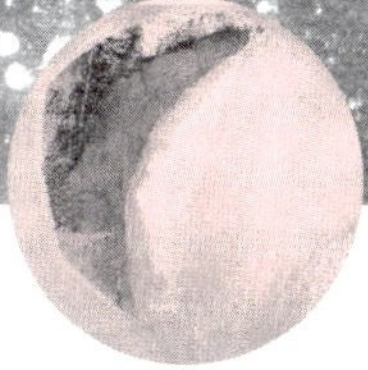

Gern würd ich euch den Abendhimmel schenken
Mit dem einstweilen noch friedlichen Mond,
So lange da droben kein Menschenfeind wohnt …
Jenen Mond aus dem schönen Eswareinmal,
Der so altmodisch schien über Berg und Tal,
Aus den uralten Liedern und Kindergeschichten,
Jenen Mond, von dem uns die Dichter dichten.

Den Abendhimmel kann ich euch nicht schenken,
Und wer weiß wie lang noch den freundlichen Mond.
Bald hat man ihn sicherlich »abgezont«
In dem Spiel, wo alles »Haben, haben!« schreit.
Gar bald, liebe Kinder, bald ist es soweit.
Morgen vielleicht. Oder übermorgen.
(Ich gestehe, der »Fortschritt« er macht mir Sorgen.)

Ich kann euch nur ein Restchen Himmel schenken
Und jenen von Engeln behüteten Mond,
Der uns nächtlich mit seinem Lichte belohnt
Den ein jeder von uns im geheimen liebt,
Den es immer gab, den es immer gibt,
Der die Schäfchen hütet in Kinderträumen
Den die Mutter schüttelt aus Schlafliedbäumen,
Jenen Märchenmond,
Der so gerne wohnt
In den Reimen.

Ein Omelett aus einem Ei
Ist weiter keine Hexerei

Essen und Trinken

Vor Tische zu sagen

Dem, der das Saatkorn ausgesät,
dem, der die Halme abgemäht,
dem, der sie trug zur Scheuer.
Dem, der gemahlen Korn und Schrot,
dem, der bei Nacht am Feuer
uns allen buk das gute Brot.

Ihm, der den Regen sandte
und Sonnenschein zur Zeit –
dem danke nun ein jeder,
der sich aufs Essen freut.

Wie man ein Setzei macht

Wie man ein schönes Setzei macht,
Das will ich euch verraten:
Man klopft ein frisches Ei auf, sacht!
Läßt es im Fett schön braten,
Bis daß es brutzelt und zuletzt,
Sich ruhig in der Pfanne setzt.
Weshalb man es auch »Setzei« heißt
Und gern zum Butterbrot verspeist.

Wie wärs mit einem Omelett?

Ein Omelett aus einem Ei
Ist weiter keine Hexerei:
Erst mal das Eigelb hübsch verrieben,
Sodann gewürzt, ganz nach Belieben.
Ein Kaffeelöffelchen voll Wasser
Macht den Omlett-Teig etwas »nasser«.
(Die Füllung: Spargel, Käse, Pflaumen
Hängt vom Kalender ab, und Gaumen.)
Auf beiden Seiten braun in Fett
Brät man das goldene Omlett.

Drei Kochrezepte kinderleicht

1. Wie man Wasser schnell zum Kochen bringt

Nicht mehr Wasser auf das Feuer
als gebraucht wird im Moment.
– Achtet drauf, denn Gas ist teuer,
daß die Flamme richtig brennt.
Nicht zu klein und nicht zu groß.
So, und nun geht's wirklich los:
Psch-t!

Wenn man so mit leeren Händen
müßig vor dem Kessel steht,
scheint das Warten nie zu enden.
Doch wie rasch die Zeit vergeht,
wenn die Hände, statt zu ruhn,
etwas tun!

Etwas. Keine großen Sachen
in der kurzen Wartepause.
Kessel muß man überwachen.
Klare Sache. Doch im Hause
gibt's an Pflichten fast ein Dutzend.
So, zum Beispiel, Gläser putzend,
Blumen gießend, fliegt die Zeit –
Pschttttttttt! Das Wasser ist bereit.

2. Wie man Muttis schnell zum »Kochen« bringt

Eine Woche aus dem Haus:
Hu, wie sieht die Küche aus!
Töpfe, Pfannen und Bestecke
wuchern wild in jeder Ecke.
Küchenfliesen grau und speckig,
Küchenhandtuch kaffeefleckig.
Essigflasche unverkorkt,
Reibe – »unbekannt« verborgt.
Abfallkorb zum Bersten voll.
Nicht ein Ding, wo es sein soll!
Weinbespritzt die Damasttücher.
Aus den Ritzen krabbeln – Viecher!
Gläser, Teller, Untertassen
türmen sich in nassen Massen.
Kurz: Ein Abwasch von drei Wochen!
das bringt Muttis schnell zum »Kochen«.

3. Wissenswertes über den Tee

Aus Indien kommt der schwarze Tee,
aus Japan kommt der grüne.
Den Kräutertee, hat man ein Weh,
trinkt man mit Duldermiene.

Man schlürft ihn heiß
und auch auf Eis,
mit Sahne und Zitrone.
Sogar mit Rum!
Wißt ihr warum?
– Denn letztrer schmeckt auch »ohne«!

Als Medizin
und zum Genuß,
teils, weil man will,
teils, weil man muß.

In Rußland trank einstmals der Zar
den »Tschaj« aus goldnem Samowar.
Und auch der Engländer sagt nie:
»No, no!« zu einer »Kapp off Tieh«.

Bei uns zu Haus ist Tee beliebt,
sofern es keinen Kaffee gibt!
Ein guter Tee, ob schwarz, ob grün,
braucht fünf Minuten, um zu ziehn.

Merkt euch, was die neuen
Wörter bedeuten:
Tschaj auf russisch: Tee
No, no! heißt natürlich: nein, nein!
Kapp off Tieh (cup of tea)
auf englisch: Tasse Tee
Samowar eine russische
Teemaschine aus alter Zeit
Zar – aber das wißt
ihr selber: der Kaiser
im alten Rußland

Doktor Vielfraß

Weil er zu gerne Törtchen aß
und Sahneeis im Übermaß,
weil Schokolade und Konfekt
ihm nur in großen Mengen schmeckt,

weil Mokkakrem er und Krokant
vorzüglich schon zum Frühstück fand,
und Majonäsen, Räucheraale
sein »Imbiß« war vorm Mittagsmahle,

weil er zu viele Gläschen leerte
und auf der Freunde Rat nicht hörte,
wuchs ihm ein Schmerbauch, wie ihr seht.
O weh! Wohin der Mann auch geht,
marschiert sein Fettwanst ihm voran.
Und hinterdrein erst
kommt
der
Mann.

So was von Bauch. Ist das nicht toll?
Der hat ja alle Hände voll.

Wiedersehn mit Doktor Vielfraß

Doktor Vielfraß, wie ihr seht,
lebt jetzt strikt nach der Diät.
Wurde endlich wieder schlank
und ist beinah niemals krank.
Freut sich an der schlichten Kost
und trinkt nur noch Apfelmost.
Auch sein Kinn ist nicht mehr »Doppel …«.
Kurz er ward ein Tugendmoppel.

Seine Freunde, wohlbeleibt,
finden, daß er übertreibt.
Während jene Herrn indessen
nur noch leben, um zu essen,
ist sein Wahlspruch, sein Bestreben:
»Nur noch essen, um zu leben!«

(Bis er mal danebenhaut
Mit Eisbein und mit Sauerkraut …)

Scheint die Sonne, geht man aus.
Regnet's, bleibt man gern zu Haus

Durch das Jahr

Die vier Jahreszeiten

(Zum Aufsagen für vier Kinder)

Der Frühling

Mit duftenden Veilchen komm ich gezogen,
auf holzbraunen Käfern komm ich gebrummt,
mit singenden Schwalben komm ich geflogen,
auf goldenen Bienen komm ich gesummt.
Jedermann fragt sich,
wie das geschah:
Auf einmal
bin ich
da!

Der Sommer

Ich bin der Sommer. In erbsgrünen Hosen,
kirschrotem Wams zieh ich lustig einher.
Heb ich den Finger, blühen die Rosen.
Heb ich die Hand, rauscht die Welle im Meer.
Spiel ich die Flöte, tanzt der Delphin,
duftet's nach Wiesengrund und nach Jasmin

Der Herbst

Ich bin, das läßt sich nicht bestreiten,
die herbste aller Jahreszeiten:
Rauhe Winde, scharf wie Säbel,
welke Wälder, graue Nebel.
Die Vögel klagen leise, leise
und gehen auf die Winterreise.
Dann lischt die Sommersonne aus.
Holt eure Gummischuhe raus!

Der Winter

Die Pelzkappe voll mit schneeigen Tupfen,
behäng ich die Bäume mit hellem Kristall.
Ich bringe die Weihnacht und bringe den Schnupfen,
Sylvester und Halsweh und Karneval.
Ich komme mit Schlitten aus Nord und Nord-Ost.
– Gestatten Sie: Winter. Mit Vornamen: Frost.

Frühlingsanfang

Der Frühling hat Geburtstag heut
Ich war im Wald und sah's!
Er trägt ein nagelneues Kleid
Aus seidengrünem Gras.

Osterhasiges

Hinter den Bergen, am Rande der Welt,
liegt eine Ortschaft: Klein-Osterhasfeld.
Schneeglöckchen läuten, Winter verrinnt.
Das jährliche festliche Treiben beginnt.

Duftet's nach Primeln und nach Marzipan,
weiß jeder Hase,
– ihm sagt's seine Nase:
Nun kommt das Osterfest bald heran.

Eiapopeia, was raschelt im Stroh?
So singen die Kleinen bei »HASE & CO.«
Hinter der Hecke und neben der Scheuer
malen sie fleißig die buntesten Eier.

Hasenpapa kommt schon früh gegen sechs,
setzt hier einen Klecks und da einen Klecks.
Tadelt und lobt und befühlt jedes Stück.
Nicht jedes besteht vor dem prüfenden Blick.

Er selber malt Hasenporträts in Pastell,
auch Bählämmchen kommen und stehn ihm Modell.
Und Kücken, ganz frisch aus den Ostereischalen,
lassen sich streicheln und festlich bemalen.

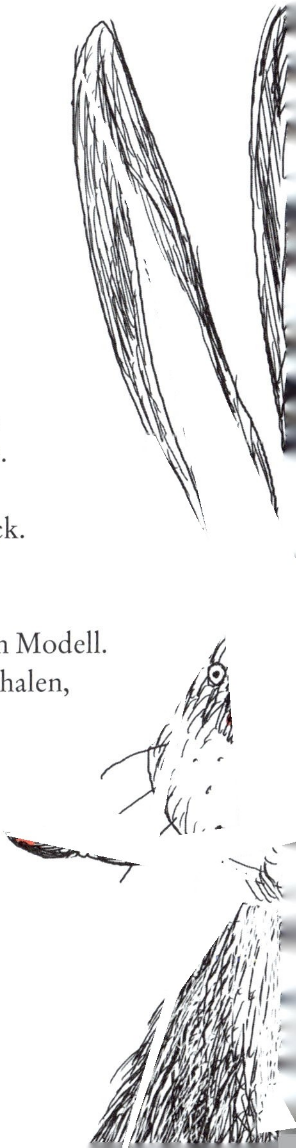

Hasenmama öffnet Kasten und Spind,
weil Osterhasfeldener gastfreundlich sind.
Stopft allen Kleinen verstohlen die Taschen,
weil Osterhaskinder besonders gern naschen.

Hasenpapa hat entsetzlich zu tun,
jedes der Kinder – und keines will ruhn –
geht ihm zur Hand. Doch hier sagt man: Pfote.
Ordnet die Eier in gelbe und rote,

rosagepunktete, hellviolette.
Kostet und schmückt sie mit einer Rosette.
Füllt sie mit Mandelkrokant und Bonbons,
kostet und packt sie in Osterkartons.

Mittags versammelt sich alles zum Brei,
dann rasch zurück an die Ei-Malerei.
Mancher verzichtet auf seinen Spinat,
weil er so fleißig »gekostet« hat.

Helfen muß jeder in Osterhasfeld,
zehntausend Eier sind wieder bestellt.
Die müssen fertiggestellt sein zur Frist.
– Ob wohl auch deines darunter ist?

Den Sonntag mag ein jeder gern

Der Sonntag kommt auf leisen Socken,
im schwarzen Rock, mit Silberlocken,
mit Himmelsblau und fernen Glocken,
den Psalter in der Hand.

Im weißen Hemd voll bunter Borten,
mit Bratenduft und Apfeltorten
und Sonntagsstille allerorten,
so zieht er durch das Land.

Am Rucksack einen Strauß von Flieder,
streckt er am Abend seine Glieder,
dann singt er seine Abschiedslieder
und schwindet unerkannt.

Schlechtwetterlied

Tropfen klopfen an die Scheiben!
Soll'n wir gehen? Soll'n wir bleiben?
Peter kann sich nicht entscheiden,
er mag jedes Wetter leiden.
Scheint die Sonne, geht man aus.
Regnet's, bleibt man gern zu Haus.

Viel zu tun hat Peter immer,
draußen oder drin im Zimmer.
Draußen spielt er gern Indianer,
drinnen lieber Eisenbahner.
Ob es donnert oder blitzt,
Peter bastelt, malt und schnitzt.

Regentropfen an den Scheiben,
ihr mögt gehen oder bleiben.
Schön verfliegt uns jede Zeit,
ob es regnet oder schneit.
Peterchen zieht kein Gesicht.
Schlechtes Wetter? Gibt es nicht!

Es regnet

Es regnet Blümchen auf die Felder,
es regnet Frösche in den Bach.
Es regnet Pilze in die Wälder,
es regnet alle Beeren wach!

Der Regen singt vor deiner Türe,
komm an das Fenster rasch und sieh:
Der Himmel schüttelt Perlenschnüre
aus seinem wolkigen Etui.

Vom Regen duften selbst die Föhren
nach Flieder und nach Ananas.
Und wer fein zuhört, kann das Gras
im Garten leise wachsen hören.

Advent

Der Frost haucht zarte Häkelspitzen
perlmuttergrau ans Scheibenglas.
Da blühn bis an die Fensterritzen
Eisblumen, Sterne, Farn und Gras.

Kristalle schaukeln von den Bäumen,
die letzten Vögel sind entflohn.
Leis fällt der Schnee … In unsern Träumen
weihnachtet es seit gestern schon.

Schneemann Rübennas

Ich bin der Schneemann Rübennas
Mit dem Zylinderhut
Ich habe auf den Sonnenschein
Ne ganz gemeine Wut

Ihr Kinder liebt die Sonne wohl
Und freut euch ihres Lichts
Jedoch mich Schneemann bringt sie um
Und löst mich auf zu nichts!

Da lob ich mir den scharfen Frost
Und wilden Wintersturm
Bläst der von Norden und Nordost
Da wackelt selbst der Turm,

Zwickt er die Leute blau und rot
Und klirrt die Luft wie Glas
Dann grinst vergnügt von Ohr zu Ohr
Der Schneemann Rübennas.

Was die Rose im Winter tut

Was tut wohl die Rose zur Winterszeit?
Sie träumt einen hellroten Traum.
Wenn der Schnee sie deckt um die Adventszeit,
träumt sie vom Holunderbaum.
Wenn Silberfrost in den Zweigen klirrt,
träumt sie vom Bienengesumm,
vom blauen Falter, und wie er flirrt.
Ein Traum, und der Winter ist um!

Und was tut die Rose zur Osterzeit?
Sie räkelt sich, bis zum April.
Am Morgen, da weckt sie die Sonne im Blau,
und am Abend besucht sie der Frühlingstau,
und ein Engel behütet sie still.
– Der weiß ganz genau, was Gott will!
Und dann, über Nacht, wie ein Wölkchen, ein Hauch,
erblüht sie zu Pfingsten am Rosenstrauch.

Heut kam die Tante Erika aus Boston in Amerika

Familie und Freunde

Opas Pille

Für alles hat Opa 'ne wirksame Pille:
für Husten und Schnupfen und mangelnden
Schlummer,
für Bauchweh und Zahnweh und Liebeskummer.

Die Pille heilt Dummheit und Häßlichkeit,
doch leider nicht Opas Vergeßlichkeit:
Mal sucht er die Brille,
mal sucht er die Hülle,
und manchmal sucht Opa sogar seine
Pille!

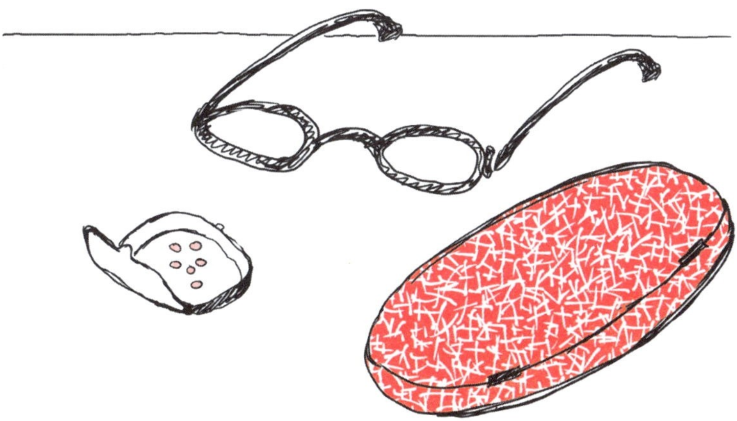

Die Tante aus Amerika

Heut kam die Tante Erika
aus Boston in Amerika.
Nein, wie die Englisch spricht! So schnell.
»O keh« heißt es sehr oft und »well«.
Doch sagt sie niemals »nein«. Nur »no«.
Das ist nun mal in Boston so.

Zur Schule gehn ist dort keine Pflicht,
höchstens vielleicht in die »Skuhl« …
Und Dummköpfe? Dummköpfe gibt es da nicht.
Und findet man einen, so heißt er ein »Fuhl«.

Die Kinder brauchen dort nie ihre Milch zu trinken.
Allerhöchstens mal »Milk« mit 'nem knusprigen »K«.
Und wißt ihr, wie Amerika mit Nachnamen heißt?
Geraten! Die »U.S.A.«

Nein, was da drüben so alles los ist …
Wetten, ihr wißt nicht mal, daß es sooo groß ist!
Nun, fast so groß wie die halbe Welt.
Und sie haben dort mächtig viel Leute
und ebenso mächtig viel Geld.
Aber leider fast gar keine Zeit.

Darum haben sie auch das Auto erfunden,
wegen der großen Geschwindigkeit.
Damit erreichen sie schon in ein bis zwei Stunden,
wozu die U-Bahn sieben Minuten braucht.
Tja, das kommt wohl daher,
daß im Riesenverkehr
durch das Häusermeer
so 'n Auto wie 'n hüftlahmes Schneckentier kraucht.
Wo zehntausend Autos vorm Ampellicht stehen,
da ist es oft schneller, zu Fuß zu gehen,
sagt unsere Tante.

Die Häuser schießen dort steil in den Himmel empor
und werden darum Wolkenkratzer genannt.
Schöööön, aus dem sechsundzwanzigsten Stockwerk zu gucken.
Oder gar aus dem fünfzigsten runterzuspucken!
Mensch, allerhand.

Tante Erika meint,
ich sollte mich »gelegentlich« schämen.
– Sie verwechselt das wohl mit »gründlich«.
»Die Kindär in Boston haben eine bässere Benähmen«,
versichert sie stündlich.
Hände-in-den-Hosentaschen, Füße-auf-den-Tisch
gehören da wohl zum besseren Ton …

Auch duzt unsere Tante fast jede Person
vom Schutzmann bis zum Zeitungsausträger.
Sagt zum Kammersänger »Herr Kammerjääger«.
»Bei uns in Amerrika sagt jede Mann ›du‹
zu jede Mann ›du‹. Und ganz gleich wozu:

Zu Straßenbahnschaffners und Herrn Präsidenten,
zu Pfarrers, zu Doktors und ihre Patienten.
Das ist keine Zeichen von Liederlichkeit,
im Gegenteil Zeichen von Briederlichkeit:
Gleiches Recht für alle.«
– So sagt Tante Erika.

Mal gehe ich auch nach Amerika,
wo die Millionäre und Millionärinnen wohnen,
wo die Dollars wachsen wie grüne Bohnen,
wo die Cornflehks blühen mit Zucker und Zimmt.
Mal reise ich auch übers Meer. Ganz bestimmt!
Als Matrose, Domptör oder Liliputaner.
Aber lieber wohl noch als Zirkus-Indianer.

Wer wissen will, wie die englischen Wörter
richtig geschrieben werden:
»Skuhl« = *school*, »Fuhl« = *fool*,
»okeh« = *»o. k.«*, »Cornflehks« = *corn flakes*.

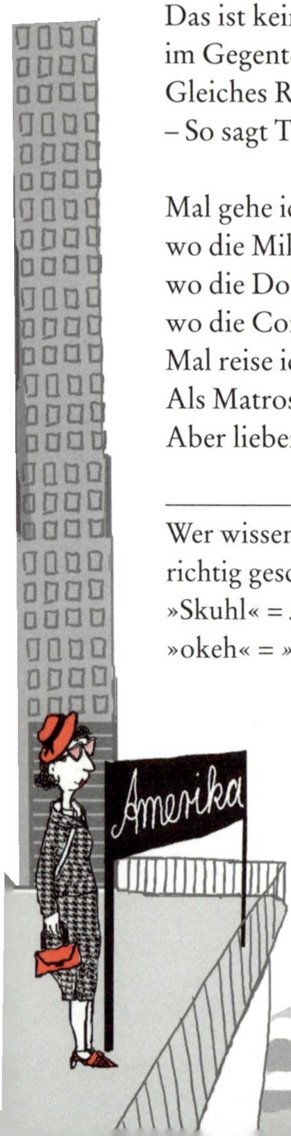

Onkel Fritz

Onkel Fritz hält nichts vom Sparen.
Dabei wünscht er sich seit Jahren,
in die weite Welt zu fahren.

Reisen in die weite Welt
kosten aber schönes Geld.
Doch statt Geld hat Onkel Schulden.
Darum muß er schweigend dulden.

Meistens duldet er recht leise.
Doch zur Zeit der Ferienreise
duldet er zuweilen laut.

»... Fahren andre nach Italien«,
sagt er, »oder nach Australien,
fahr' ich höchstens aus der Haut!«

Vetter Klaus aus Altona

Mein Vetter Klaus aus Altona,
der ist ein Leichtmatrose.
Heut ist er hier und morgen da
in seiner Seemannshose.
Mit seinem Käppi in der Hand
bereist er manches ferne Land.
    Sticht er in See,
    heißt es Ade
    und viele Wochen: Warte!
    Aus Süd und Ost
    kommt mit der Post
    ’ne bunte Ansichtskarte:
    Es grüßt euch und die Großmama
    der Vetter Klaus aus Altona.

Mal schickt er uns den KÖLNER DOM
und mal den TURM VON PISA.
Und kommt er irgendwann nach Rom,
besucht er Tante Lisa.
Matrosen, sagt der Vetter Klaus,
sind beinah überall zu Haus.
    Ein Krokodil
    sah er am Nil,
    Delphine in Italien.
    ’nen Elefant
    hat er gesandt
    per Karte aus Australien.
    Selbst Walfischflossen, ganz famos!
    aß er schon bei den Eskimos.

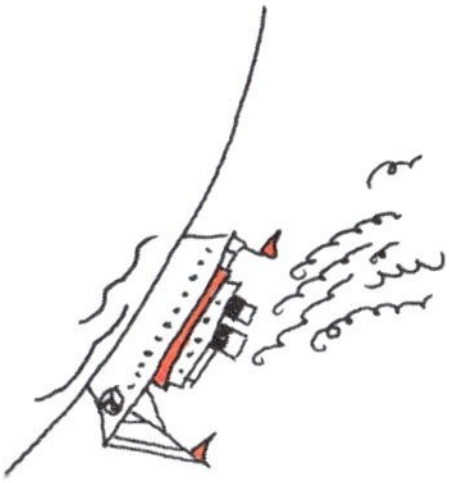

In Tokio nahm er seinen Reis
mit Stäbchen, wie’n Japaner.
Er hat in seinem Freundeskreis
viel braune Mexikaner.
Die Menschen, sagt der Vetter Klaus,
sehn bloß von außen anders aus!

Opas Muschel

Opa hat sich vom Nordseestrande
eine Riesenmuschel mitgebracht.
Mattsilber, mit Himbeerrosa gemischt.
Die hat er in Kampen sich aus dem Sande
gefischt.

Von außen besehn,
scheint das Gehäuse ganz leer
innen.
Aber das Meer
ist heimlich da drinnen.
Horch, wie es rauscht,
wenn man dran lauscht!

Sogar die schnellen,
schäumenden Wellen,
wie sie flüstern und tuscheln,
und auch den Wind
in den Disteln und Föhren …
Das alles kannst du darinnen hören!

Weil nämlich die Muscheln
so stille sind.

Eine kleine Schwester

Ein nagelneues Schwesterlein
kam heute über Nacht.
Das weint und greint,
die Mutter meint:
Es lernt noch, wie man lacht.
’s ist halt noch dumm,
das Kleine. Drum
schreit es: »U-aa, u-aaaa«!
Hab keine Angst, du Klitzeklein!
Ich will dein großer Bruder sein.
Mein klitzekleines Schwesterlein,
ich bin ja auch noch da!

Theodor

Mit Theodor spielen die Kinder nicht mehr.
Mit Theodor, heißt es, ist's gar nicht weit her:
mogelt beim Murmelspiel,
petzt in der Klasse,
hilft nicht mal Blinden
bis über die Gasse.
Im Bus hockt er immer
wie angeklebt,
bis sich ein anderer
höflich erhebt.
Lügt seiner Mutter
frech ins Gesicht.

Nein, nein! Mit Theodor spielen wir nicht,
sagen die Kinder vom Schillerpark.
Steckt seine Nase
in jeden Quark,
klatscht wie 'ne Kaffeebase.
Riesenschnauze und Herz wie'n Hase!
Stänkert wie'n Käse.
Ist immerfort »böse«.
Quält seine Katze
und ärgert den Hund,
hat ewig den Wiederkaugummi im Mund.
Gibt keinem was ab von den leckeren Bissen.
Von Theodor wollen die Kinder nichts wissen!

Schmodderlieschen

Lieschen wäscht sich nicht den Hals,
Lieschens Haar ist fett wie Schmalz,
nächstens wachsen unserm Lieschen
in den Ohren noch Radieschen.

Tina Tolpatsch

Tina, der Tolpatsch, hat gar kein Benehmen.
Draußen zwar tut sie so fürnehm und fein.
Aber zu Hause! Ein richtiges – nein,
sagen wir lieber: »ganz ohne Manieren«.
Schleppt ihre Füße,
als ging' sie auf vieren.
Trampelt in Pfützen,
bespritzt sich und schwapp!
Stößt alle Leute
erst an und dann ab.

Tina, der Tolpatsch, hat gar kein Benehmen.
Stürzt sich aufs Futter wie 'n hungriger Hund.
Gähnt wie 'n Gorilla, mit offenem Mund.
Schlürft ihre Suppe,
ißt mit dem Messer.
Hört gar nicht zu,
und weiß alles viel besser.
Klirrt mit der Tasse
und mit dem Besteck.
Tina als Tischgast?
– Da laufen wir weg.

Frau Wegerich

Frau Wegerich, die stammt aus Sachsen.
Darum ruft sie ihren Peter: *Beder*
und Paulchen: *Baule.* Und doch weiß jeder
von den zwei frechen Wegerich-Dachsen,
wen die Mutter gerufen hat!

Das ist weiter keine Schande.
So ist das nämlich in manch anderm Lande,
ja sogar oft schon in manch andrer Stadt,
daß sie da »d« sagen statt »t«
oder auch »b« statt »p«.
Das gilt dort als Sitte und Brauch.

In Berlin, zum Beispiel, sagen wir auch
»icke« zuweilen, anstelle von »ich«.
Und doch weiß jeder, daß der Berliner
mit »icke« nicht dich meint oder mich,
sondern nur sich.

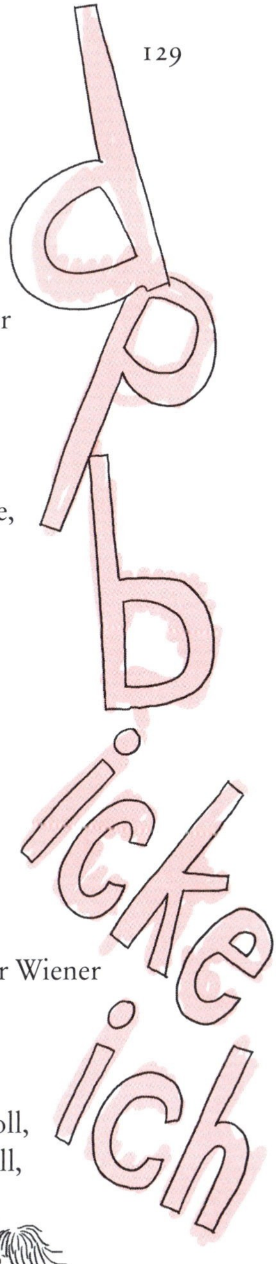

In Schwaben schwäbeln sie. Und wenn der Wiener
sein Mädchen nennt ein »süaßes Madel«,
versetzt sie ihm durchaus keinen Tadel,
sondern eher noch einen Kuß.
Weil man den Menschen so reden lassen soll,
weil man womöglich einen jeden lassen soll,
wie er nun mal ist und sein muß.
Schluß.

Postkarten an Leute, die man liebhat

(Schreib das in
deiner schönsten Schrift)

1.
An jemanden, der Grund hat zum Traurigsein

Wenn man traurig ist,
das weiß jedes Kind,
löschen die Sterne aus
wie Kerzen im Wind,
und in deinem Herzen
klingt es so leer!
Wer, ja, wer
möchte wohl traurig sein,
allein,
hinter seiner Mauer
voll Trauer …?

Bitte,
bitte,
sei nicht mehr traurig!

2.
An einen Freund im Gipsverband

Brachst bloß *ein* Bein
beim Fall von der Leiter!
Zwei wäre schlimmer.
Nichts ist »zu Ende«.
Alles geht weiter.
Immer.
Gib du dem Himmel
dein Glück in die Hände.
Alles geht weiter.
Sei heiter!
Sei heiter!

Klingeling, die Feuerwehr

Spiel- und Spaßreime

Das achtmalkluge ABC

A kreischt der Affe
Die Erdnuß ist mein
Was ich nur erraffe
Das freß ich allein
Ich bin ja ein Affe

Be summte die Biene
Am Wabenweg wohn ich
Ganz ohne Maschine
Bereit ich den Honig

Christopher Columbus, der schrieb sich mit C
Vor fünfhundert Jahren da stach er in See
Er suchte Ost-Indien. Wißt ihr was geschah?
Er fand und entdeckte – – – – Amerika.

Dolf heißt mein Dackel
mit goldbraunem Fell
Und riechts nach was Gutem
Schon ist er zur Stell

E ist ein Esel,
muß Lasten stets tragen
Es gibt auch zweibeinige
Hörte ich sagen

Abzählverse

Klingeling, die Feuerwehr!
Feuer ist drei Stunden her.
Klingeling, die Polizei,
kommt sie, ist es schon vorbei,
hat die Maus schon ihren Speck.
Du
mußt
WEG!

Unke, Tunke,
Tee mit Rum,
dreh dich einmal,
zweimal um.
Wer bis drei
nicht zählen kann,
der
ist
DRAN!

Limericks für Kinder

Wer von euch sagt es mir ganz fix,
was das wohl sein mag: »Limericks«?
– Fünfzeiler sind es, meist zum Lachen.
Wer Witz hat, kann sie selber machen.

Nummer Eins

Da gab's einen Bäcker in Kassel,
der hörte des Nachts ein Gerassel.
Er durchsuchte das Haus
und fand eine Maus.
– Seitdem gibt es Katzen in Kassel.

Nummer Zwei

Es ärgert sich einer in Gießen,
daß ihn seine Nachbarn nicht grüßen.
Doch er zog seinen Hut,
wie's ein Gentleman tut.
Nun grüßt ihn ein jeder in Gießen.

Nummer Drei

Ein Vielfraß verzehrte in Lübeck
zum Frühstück zwölf Lübecker Zwiebäck,
bestellte gleich nach:
Zehn Dutzend und sprach:
»Von Lübeck, da geh ich jetzt nie weg!«

Nummer Vier

Den Damenfrisör in Saarbrücken
ein Läuslein tat mörderlich jücken.
Ab schnitt er sein Haar
und warf's in die Saar.
Seitdem trägt er nur noch Perücken.

Nummer Fünf

Ein Schwindler kam einst in Stralsund
vom hohen Roß stracks auf den Hund.
Man warf ihn hinaus,
nun erzählt er zu Haus,
Das Klima sei dort nicht gesund.

Wenn ich eine Motte wäre

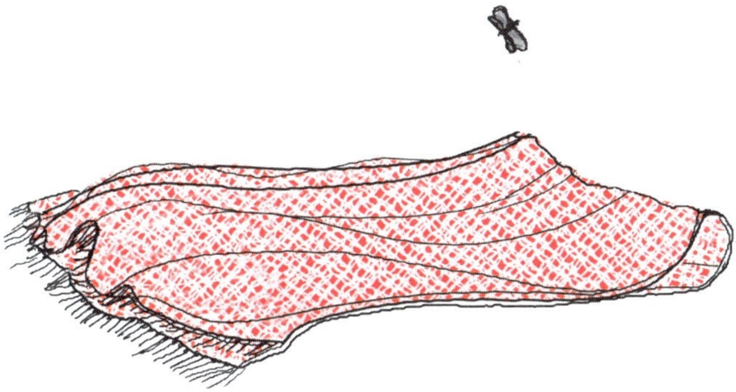

Wenn ich eine Motte wäre,
tanzte ich vergnügt ums Licht,
Lampen- und Laternenlicht,
Kerzenlicht im Kandelaber.
Niemand sagte: »Aber, aber …!
Achtung vor der Lichtputzschere!«
– Wenn ich eine Motte wäre.

Wenn ich eine Motte wäre,
äße ich zum Mittagsmahl
etwas warmen Kaschmir-Schal,
– Lieblingsspeise aller Motten!
Dann zum Nachtisch: bunten Schotten-
Wollstoff. Und zum Tee
irgend etwas aus Bouclé.

Spiel-Verse

Komm, kleiner Sohn, wir spielen Verstecken,
Wir tauchen in Winkel und Ecken hinein!
Wenn sie uns entdecken, –
O Freude! O Schrecken!
Dann wolln wir sie necken
Und fürchterlich schrein!

Komm, kleiner Sohn, wir spielen Familie
Du bist die Emilie und kaufst fleißig ein:
Zwei Zentner Bonbons und ein Pfund Petersilie
Wir machen Besuch bei der Tante Cäcilie
Und kriegen beim Abschied ne schneeweiße Lilie,
Die bringen wir mit unsern Kinderlein!

Komm, kleiner Sohn, wir spielen Verreisen
Rasch, pack deine Koffer! Du, das wird ein Spaß!
Der Strick auf dem Teppich wird uns zu Geleisen,
Zur Lokomotive das Koks-Bügeleisen.
Schnell fertig zur Abfahrt! Die Karten vorweisen!
Herr Schaffner wir wollen nach Afrika reisen!
Das ist was für Kinder und auch für Mamas!

Kinderreim

Fünf rosenrote Brüderlein an meiner rechten Hand,
Fünf rosenrote Brüderlein an meiner linken Hand!

Das erste der fünf Fingerlein der dicke Daumen ist,
Das zweite heißet »Zeigerlein«, wie ihr wohl alle wißt!

Das dritte in der Mitte man den »Mittelfinger« nennt,
Als »Ringel-Ringel-Fingerlein« das vierte jeder kennt.

Das letzte, das nettste, das »Zwergen-Fingerlein«,
– An jeder Hand fünf rosenrote Finger-Brüderlein!

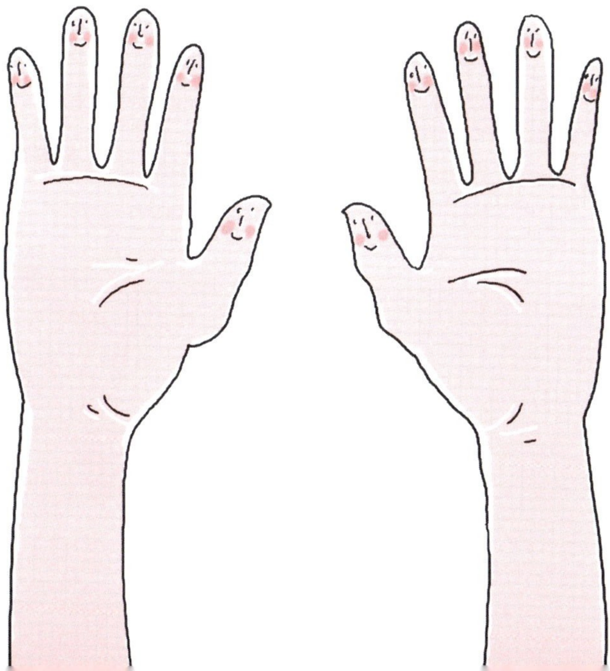

Neue Limericks für Kinder

Nummer Eins

Beim Erntefest droben am Rheine
da sangen die Winzer beim Weine
»Die sauere Sorte
gelangt zum Transporte.
Dän gude Wein drink mer alleine«

Nummer Zwei

Ein Kurgast ward in Baden-Baden
mit doppelter Kurtax beladen.
Als er sich beschwert,
hat man ihn belehrt:
»Sie sind hier im Doppel-Bad Baden!«

Nummer Drei

Man sagt von den Schönen in München,
daß sie sich gar mächtig betünchen.
Das Wangenrot leuchtet,
solang's nicht befeuchtet.
Doch regnets auch manchmal in München.

Nummer Vier

Da gabs einen Förster in Halle
der legte dem Fuchs eine Falle.
Der Fuchs blieb im Bau
und lacht sich eins schlau:
»Die Dummen, die werden nicht alle.«

Nummer Fünf

Ein Küchengehilfe in Brüssel
beschnüffelte Kessel und Schüssel.
Das gab seiner Nas
einen diebischen Spaß,
doch wuchs ihm am Ende ein Rüssel.

Rätselreim

Was geht schnell weg
Ganz ohne Beine?
Das Taschengeld
Geht von alleine.

Kokosflocken Mandelkern
Essen alle Kinder gern
Paprika und Mostrichsoße
Das ist etwas mehr für Große
Erbsen Sauerkraut und Speck
Du mußt weg

Katzenreim

Zucker, Butter, Milch und Rahm
Wann kriegt die Miez einen Bräutigam?
Wenn sie nicht mehr unsern Braten schmaust
Und bloß noch brav ihre Mäuschen maust,
Wenn sie die Spatzen in ihrem Nest
Und unsern Piepmatz in Frieden läßt!
– Wann?
Dann!
Zucker, Butter, Milch und Rahm,
Nie kriegt die Miez einen Bräutigam!

Höret, was sich einst begeben
In dem Lande werweißwo

In die Welt hinaus

Wer kommt mit nach Alaska?

In Alaska, wie man weiß,
steht ein Berg aus Sahneeis.
Links Vanille, rechts Zitrone,
obendrauf ’ne Mokkabohne.
Ananas, Krokant, Banane
schwimmen in gefrorner Sahne.
Täglich schneit’s dort Marzipan,
sagen alle, die es sah

Willst du an den Leckereien
in Alaska dich erfreuen,
darfst du eins vor allen Dingen
nicht vergessen mitzubringen:
Schüsselchen und Eßbesteck!
Sonst schickt man dich wieder weg.

In Alaska ist es kalt,
Weihnachtsbäume stehn im Wald,
fein geschmückt mit hellen Kerzen,
bunt behängt mit Zuckerherzen,
Schokoladen, Mandelschnitten,
Puppenwagen, Rodelschlitten.
Immer ist dort Feiertag,
jeder nimmt sich, was er mag,
Apfelstrudel und Baiser,
und kriegt doch kein Magenweh.

Willst du an den Schleckereien
in Alaska dich erfreuen,
iß dein Süppchen etwas schneller!
Denn wir müssen deinen Teller
und das Löffelchen noch waschen,
um den allerletzten Zug
nach Alaska zu erhaschen.
Ist das Eßbesteck nicht rein,
lassen sie uns nicht hinein.

Mitbringsel

Was bringt der gute Onkel Pitt
aus London der Familie mit?
’nen Regenmantel für den Peter,
für Mutti einen Kaschmir-Sweater,
für Vati eine Meerschaumpfeife,
für Ingeborg Lavendelseife,
für Oma einen Schal mit Tupfen.
Und für sich selber? Einen Schnupfen.

Was bringt der Weltenbummler Schmidt
den Kindern von der Reise mit?
Aus Bayern echte Lederhosen,
aus Japan rotlackierte Dosen,
aus China einen Ring aus Jade,
aus Zürich Mandelschokolade.
Und was aus Landsberg an der Warthe?
’ne angefangne Ansichtskarte.

Opas »Umbrella«

Opa hat sich von seiner letzten Auslandsreise
einen neuen Regenschirm mitgebracht.
Aus London. Dort heißen die Dinger
»Umbrella«.

»Schade, so 'n schöner Schirm,
und nicht die Spur von Regen!«
sagt Opa verdrießlich zu Tante Ella.

Im Hut und Mantel und Regenschirm steht er
und fummelt ganz heimlich am Barometer.
Aber statt »Regen bringt Segen«
heißt es dort unbekümmert weiter:
»Wolkenlos heiter«.
Und schlimmer noch:
»Frei von Niederschlägen.«

Opas Schirm ist so 'n Ding mit 'm Pfiff.
Und 'nem garantiert echten Elfenbeingriff.
Daß er ohne Regenschirm fast nie mehr ausgeht,
ist ja wohl selbstverständlich.

Da, heute morgen, gab es endlich, endlich,
den lange ersehnten Regenguß.
Himmeldonnerwetter! Welch ein Genuß!

Indessen –
Opa hatte seinen Regenschirm
vergessen!

Es läutete.
Draußen stand ein triefender Taxischofför,
ganz aus schwarzem Gummizeug, vom Kopf zu den
Sohlen,
und er sollte für Opa den Regenschirm holen.
Aber bittesehr, rasch.
Opa könnte sonst nicht nachhaus.
Und das Taxi stände unten.
Das klang wohl recht kraus.

Als Tante Ella den Opa beim Mittagbrot fragte:
»Also, wenn man nun doch schon ein Taxi bestellt,
dann fährt man doch wohl für das gleiche Geld
gleich selber mit heim?«
Da gab's eine Pause.
Aber wißt ihr, was Opa behutsam drauf sagte?
»Gewiß. Und das hätte ich wohl sonst auch gemacht.
Aber was hätte mein Umbrella von mir dann gedacht?«

Wenn ich eine Wolke wäre

Wenn ich eine Wolke wäre,
segelt' ich nach Irgendwo
durch die weiten Himmelsmeere
von Berlin bis Mexiko.
Blickte in die Vogelnester,
rief die Katzen auf dem Dach,
winkte Brüderchen und Schwester
morgens aus dem Schlafe wach.

Wenn ich eine Wolke wäre,
zög ich mit dem Wüstenwind
zu den Inseln, wo die Menschen
gelb und mandeläugig sind
oder braun wie Schokolade
oder mandarinenrot,
wo die Kokosnüsse wachsen,
Feigen und Johannisbrot.

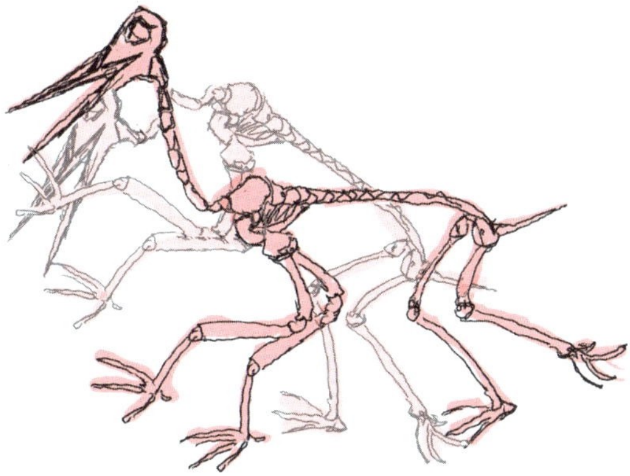

Die Fossilien

Nachts, wenn zu Bett gehn die Familien,
Erwacht man erst bei den Fossilien!
Man rast und jazzt im »Mammut«-Balle,
Da wackelt die Museumshalle …
Das hopst auf Türkisch und auf Spanisch,
Altdeutsch und ante-diluvianisch.
Der alte Brauch wird nicht gebrochen:
Hier schwingt man einen »flotten Knochen«.
Man tanzt »konkret« und »allegorisch«,
»Modern« und »Bauch« und »prähistorisch«.
Da staunen zu so später Stunde
Die Mumien aus der »VÖLKERKUNDE«.
Und wenn man »Miss Fossilie« wählt,
Das *Wal*roß stumm die Stimmen zählt.
Ein Saurier schwöret Stein und Bein:
»Das kann nur meine Süße sein!«

… Ob man für »Süßes« schwärmt, ob »Saurus«,
Das liegt im Auge des Beschaurus.

Leierkastenwalzer

Horch horch da spielt der Leiermann
Er orgelt schon im Hof nebenan
Den Walzer aus dem Alten Wien
Die Polka aus Berlin
Dann eine Oper und einen Choral
Und die Ballade vom Landwehrkanal

Hm-tata Hm-tata Hm-ta-ta-ta
Der Leiermann ist da …

Die Köchin vom Direktor Zapp
Wirft ihm noch einen Groschen hinab
Die Frau Professor im Parterr
Ruft Schluß mit dem Geplärr
Aber die Kinder schrein noch nen Choral
Und die Ballade vom Landwehrkanal

Hm-tata Hm-tata Hm-ta-ta-ta
Der Leiermann ist da

Auf einmal spielt der Leiermann
So flott daß keiner stillsitzen kann
Die Kinder haben keine Zeit
Für ihre Schularbeit
Lieber Herr Leiermann, spieln Se nochmal
Uns die Ballade vom Landwehrkanal

Hm-tata Hm-tata Hm-ta-ta-ta
Der Leiermann ist da

Der Zirkus

Der Zirkus kam heut morgen an
im rotgestreiften Wagen.
Am Fußballplatz, gleich nebenan,
sind Zelte aufgeschlagen.
Horch, auf der Straße hörst du's schon!
Da kommt die bunte Prozession,
mit Pauken und Trompeten
und Tamburin und Flöten.

Als erster Tschang, der Akrobat,
mit seinem riesigen Plakat.
Danach die Musikanten
und sieben Elefanten!
Es folgt das wilde Pußta-Pferd,
der zahme Bär, der Dreirad fährt,
im Kopfschmuck ein Indianer
und zehn Liliputaner.

Nun kommt ein Seehund, der jongliert,
ein Äffchen, das sich selbst rasiert –
da jubeln die Passanten!
Und wieder Elefanten.
Ein Feuerschlucker! Der hat Mut.
Sein Leibgericht ist Kohlenglut.
Was guckt er nur so schüchtern?
Der ist gewiß noch nüchtern.

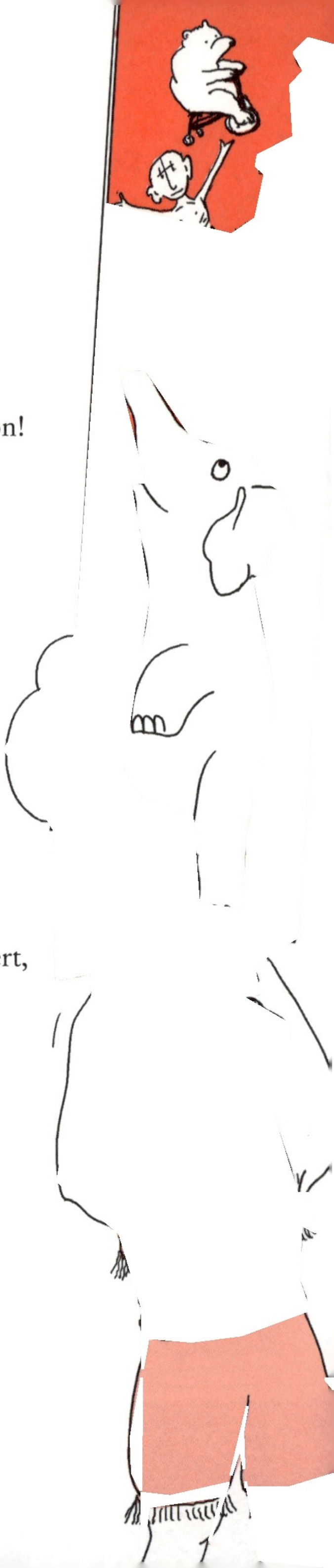

Ein Türke schwenkt 'nen roten Fez,
ein Fräulein schwebt an dem Trapez.
Es glitzert von Brillanten!
Und wieder Elefanten.
Nun kommt, recht drollig anzuschaun,
mit einem Purzelbaum – der Clown
und ein Fakir, sooo mager,
auf seinem Hungerlager.

Der Zirkus kam heut morgen an,
das wissen alle Kinder.
Sie drängeln sich schon um den Mann
im goldenen Zylinder.
Sein Arm ist hellblau tätowiert.
Horch, wie er brüllt! »Herrreinspaziert!
Soldaten, Kinder, Greise
und Zwerge – halbe Preise.«

Der König und die Nachtigall

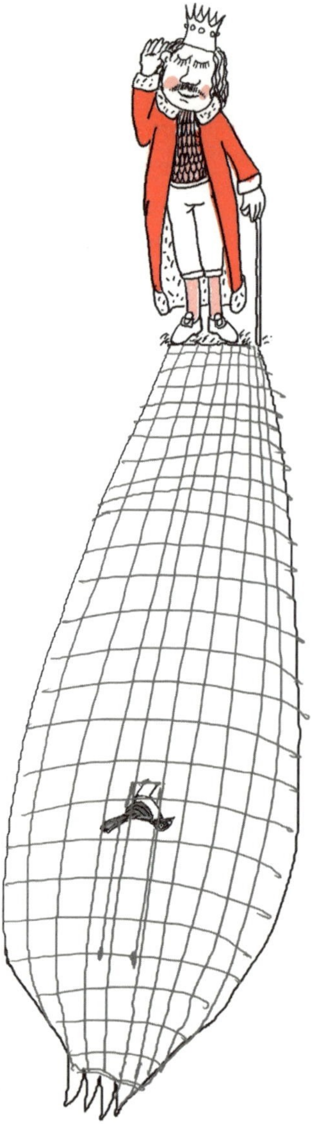

Eines schickt sich nicht für alle:
Kinder naschen gern Konfekt,
Was doch nur im Sonderfalle
Einer Klapperschlange schmeckt!

Spargel, Lachs und frische Butter
Sind in jedem Fall mein Fall;
Doch nur schlichtes Vogelfutter
Mundet einer Nachtigall.

Höret, was sich einst begeben
In dem Lande Werweißwo,
An dem Hofe des Regenten
In dem Schlosse Sowieso.

Eine Nachtigall sang lieblich
In dem königlichen Hain,
Sprach der König: »Diesen Sänger
Will ich haben, fangt ihn ein!

Gebt ihm einen goldnen Käfig.
Auch ein Samtkleid, reichverziert,
Und fortan soll er nur speisen,
Was der Hofkoch uns serviert!«

Seiner Nachtigall zu Ehren
Gab der König einen Ball,
Und die Hofkapelle spielte
Für die edle Nachtigall.

Doch der Vogel schwieg erschrocken,
Weinte sich die Augen rot,
Nahm vom Teller keinen Bissen,
War am dritten Tage tot.

Sprach der Weise: »Meine Antwort?
– Sehr zu Gnaden, Majestät:
›Eines schickt sich nicht für alle‹,
Wie ja schon geschrieben steht.

Fern von Menschenlärm, in Freiheit,
Ist des Vogels Aufenthalt:
Futter angelnd aus den Lüften,
Schwebend über Strom und Wald.

Jeder muß auf seine Weise
Glücklich oder traurig sein!«
Und der König, ernst und leise,
Sah die große Wahrheit ein.

Mascha Kaléko wurde am 7. Juni 1907 in Chrzanów in Westgalizien geboren. Ihre Eltern gaben ihr den Namen Golda Malka Aufen. 1914 wanderte die Familie nach Deutschland aus, Mascha besuchte dort die Volksschule in Frankfurt am Main. Nach Ende des Ersten Weltkriegs zogen die Aufens nach Berlin, dort fühlte sich Mascha sehr wohl. Nach Abschluss der Schule begann sie bei der Jüdischen Arbeiterwohlfahrt zu arbeiten und besuchte Abendkurse in Philosophie. Schon bald bewegte sie sich in den Künstlerkreisen des Romanischen Cafés. 1928 heiratete sie den Journalisten Saul Kaléko, 1929 veröffentlichte sie die ersten Gedichte in Zeitungen. Ihre Texte kamen so gut an, dass sie schon 1933 ihr erstes Buch, ›Das lyrische Stenogrammheft‹, veröffentlichen konnte. 1938 war ein bedeutendes Jahr für Mascha Kaléko: Sie ließ sich von Saul Kaléko scheiden und heiratete Chemjo Vinaver, einen Dirigenten und Komponisten, der der Vater ihres Sohnes Steven war. Im selben Jahr emigrierte die Familie in die USA, da sie als Juden vor den Nazis fliehen mussten. In New York verbrachten sie viele Jahre, dort entstanden auch die meisten Kindergedichte. 1959 zog Mascha mit ihrem Mann nach Israel. Sie starb nach schwerer Krankheit während einer Europareise 1975 in Zürich.

Hildegard Müller, geboren 1957 in Bell im Hunsrück, studierte Kommunikationsdesign und Kunstpädagogik und lebt als Grafikdesignerin, Illustratorin und Autorin in der Nähe von Mainz und in Ostfriesland. Für ihre Bilderbücher wurde sie bereits mehrfach ausgezeichnet. Ihre Buchgestaltung und ihre Illustrationen wurden unter anderem von der Stiftung Buchkunst gewürdigt.
Immer wieder hat Hildegard Müller Gedichte illustriert, sei es in Magazinen, Zeitschriften oder in Büchern. Seit ihrer Kindheit ist sie eine begeisterte und leidenschaftliche Leserin von Gedichten. In ihnen wird für sie die Schönheit und Ausdrucksstärke einer Sprache besonders deutlich. Und in Gedichten entwickeln Wörter einen ganz speziellen Klang.
Für die Reihe Hanser illustrierte sie unter anderem ›Ich bin hier bloß die Katze‹ von Hanna Johansen, ›Ich bin hier bloß der Hund‹ von Jutta Richter, ›Gretas Entschuldigungen‹, ›Gretas Ferien‹ von Anu Stohner und zuletzt ›Ein glücklicher Zufall‹ von Ljudmila Ulitzkaja.

Verzeichnis der Gedichtüberschriften und -anfänge

MIX
Papier | Fördert
gute Waldnutzung
FSC® C014889
www.fsc.org

5. Auflage 2024

Tumblingerstraße 21, 80337 München
verlag@dtv.de
Umschlag, Illustrationen und Gestaltung: Hildegard Müller
Satz: Druckerei C.H.Beck, Nördlingen
Druck und Bindung: Druckerei Pustet, Regensburg
Printed in Germany · ISBN 978-3-423-64027-5